टूटे दिल के लफ़्ज़, दिल से ज़ुबान तक

Vinayak Shrikisan Bhutada

Made with ❤ on the BookLeaf Publishing Platform
www.bookleafpub.in
www.bookleafpub.com

Dedication

To my parents (Mr. Shrikisan Bhutada and Mrs. Chaya Bhutada) for their undless support.

To my sister and brother in law (Mr. Rohit Shah and Puunam Shah) who never stopped believing in my writing skills.

To my mentor (Mr. Nikunj Bagdia), who always encouraged me to write my thoughts.

Preface

This book was not written to judge, accuse, or offer easy answers. It was written to explore one of the most complex and uncomfortable realities of human relationships—infidelity.

These poems were not written to tell a single story, but to echo many voices—some broken, some confused, some quietly healing. At the heart of them all lies one fragile thread: infidelity.

Infidelity is not just an act; it is a storm of emotions. It carries betrayal, longing, guilt, desire, silence, and sometimes even an unspoken search for something lost within oneself. In poetry, these emotions do not follow rules—they spill, they pause, they contradict, and they linger.

This collection was born from moments that are often hidden behind closed doors—the unanswered questions, the late-night realizations, the weight of secrets, and the fragile attempts to understand what went wrong. Each poem captures a fragment of that experience: the one who strays, the one who waits, and the one who must learn to let go.

There are no clear judgments in these pages, only reflections. Some poems may feel uncomfortable, others familiar, and a few may offer a quiet sense of release. That is the nature of truth when it is written honestly.

This book is for anyone who has felt the ache of broken trust or the complexity of human desire. It is also for those who believe that even in betrayal, there is something to be understood—if not forgiven, then at least faced.

Read slowly. Some emotions are meant to be felt more than explained.

Acknowledgements

I would like to express my heartfelt gratitude to everyone who, in one way or another, contributed to the making of this collection.

To those who shared their stories—openly or in silence—your experiences shaped the emotions within these pages more than words can express. Your honesty and vulnerability gave this book its depth and truth.

To my family and close friends, thank you for your constant support, patience, and understanding throughout this journey. Your encouragement kept me going during moments of doubt.

I am especially grateful to those who stood beside me during difficult times, offering strength when it was needed the most. Your presence is deeply valued.

Lastly, to the readers—thank you for picking up this book and allowing these poems to be a part of your thoughts and emotions. This work exists as much for you as it does because of you.

1. वक्त का खेल..!!

जिसके लिए सारा जहाँ भुला दिया,
वो कम्बख्त हमें ही भुला बैठा,
जिनके लिए रातो की नींद हराम की,
वो हमें भुला के अपनी पलकों को आराम दे बैठे..

लफ्ज़ो से कहना था बहुत कुछ,
पर कम्बख्त जुबान से एक शब्द ना निकला,
दिमाग़ ने तो की बडी विन्नते,
पर दिल ने बोलने की इजाज़त ना दी..

उनसे जो गलतिया हुई उन्हे नजरंदाज कर दिया,
हमसे जो गलतिया ना हुई उसका भी खुद को कसूरवाद मान लिया,
गुनेहगर का ये कलंक हमारे माथे पे कुछ इस तरह जड गया,
मेरा प्यार जो कभी मेरा हुआ करता था वो पल में पराया हो गया..

उन्हें लगता है हम उन्हें छोड़ जायेंगे,
किये गये सारे वादे तोड़ जायेंगे,
उनको कौन समझा प्यार भुलाना इतना आसान नहीं होता,
रिश्तों की कश्ती संभालने वाले अक्सर साथ निभाना जानते हैं..

गुनेहगर ना वो है ना मैं,
सारा खेल तो इस वक्त का है,
कल हमारे किस्मत में आ बैठा था,
आज हमारे ही रिश्ते को उजाड़ रहा है..

2. गवाही..!!

शोर बहुत है मगर अब सुनाई नहीं देगा,

दर्द दिल का अब चेहरे पर दिखाई नहीं देगा,

एक तुझसे बनाने के लिए मैंने बिगाड़ ली इस जहां से,

इसी लिए मेरे हक में अब कोई गवाही भी नहीं देगा..!!

3. ख्यालों का खेल..!!

ख़फ़ा तो है उनसे मगर बात करने की तालाब भी बड़ी बुरी है,

कहना तो बहुत कुछ चाहते है लेकिन इस दिल की बात को मानना भी मेरी मजबूरी है,

उम्मीद है उनसे कि वो ही कुछ सुनहरे शब्द कहके इस दिल का दर्द हल्का करदे,

रिश्ता टिकाने के लिए कीसी एक के नहीं, दोनों के ख्यालों को मिलना जरूरी है..!!

4. एहसास..!!

के उनके होने की एहमियत तुम समझ नहीं पाए,

उनके जाने के बाद आँखों में ये आँसू भर लाये,

जिस तरह तड़पा था दिल उनका तुम्हारे उस बर्ताव से,

शायद ख़ुदा भी चाहता है के ये तुम्हे भी नज़र आये..!!

5. मासूमियत की नीलामी..!!

खामोशी और इज्जतदारी का नकाब पहने लोगो को देखा है मैंने,

इज्जत देने का ढोंग करके मेरे पीठ पीछे मेरी बेइज्जती होते देखा है मैंने,

जब बेनकाब किया उस कंबख्त को तो आंखों से मगरमछ वाले आंसू गिरा दिए उसने,

फ़रेब और लालच का खेल खेलने वाले ये तुछ लोग नहीं जानते
लेकीन मेरे दिल की मासूमियत को नीलम होते देखा है मैंने..!!

6. शिकायत, शिकवाह और दरखवास्त..!!

जब मेरे प्यार ने ही दे दिया दगा तो अपनी किस्मत से क्या शिकायत करु,

रेशम की डोर से बंधे हुए रिश्ते की अब किसके पास शिकवाह करु,

जब ऊपर वाले ने ही ना दी हो रजामंदी मेरे मोहब्बत के लिए,

आँखों में आंसुओं का समंदर लीए अब मैं और किसके पास दरखवास्त करु..!!

7. जलता जिस्म..!!

जब मेरा जनाज़ा उठा, आँखे बस उस एक शख़्स को ढूंढती रही,

उसे आखिरी बार महसुस करने के लिए ये रूह तक तिलमिलाती रही,

ना जाने किस चीज की लत लगी थी उस बेवफा को,

उसके घमंड के सामने मेरे जलते जिस्म की भी कोई औकात ना रही..!!

8. दाग लग गया..!!

ज़माने से क्या फरियाद करे जब मेरा मेहबूब ही मुझसे बिछड़ गया,

अब करे भी तो किसका इंतज़ार करे जब इस ज़िंदगानी से मन उठ गया,

सदके तो काफी किये थे इस दिल ने अपनी मोहब्बत के लिए,
सदके तो काफी किये थे इस दिल ने अपनी मोहब्बत के लिए,

फ़िर भी मेरे ज़मीर पर बदचलन और कायर का दाग लग गया..!!

9. आशिकों का विश्वास..!!

आज मंदिर और मस्जिदौं में आशिकों की कोई कमी नहीं है,

जो थे एक ज़माने में नास्तिक उनकी आँखों में आज अंगारे नहीं नमीं हैं,

जो रखते नहीं थे कोई उपवास और रोज़ा, वो आज नवरात्रि और रमज़ान के महीने में भूखे रहना पसंद करते हैं,

शायद बेवफाई की लाथ इस कदर पड़ी है उनके जमीर पर के बस भगवान और अल्लाह को ही वो अब अपना सर्वस्व बोलना पसंद करते हैं..!!

10. तेरी फितरत, मेरी खोमोशी..!!

आज तेरी महफ़िल में आया हूँ, तेरी मुस्कुराहट देख के जाऊंगा,

तू फिक्र मत कर ऐ बेवफा, तेरी फितरत किसी को नहीं बताऊंगा,

अपने प्यार को ही बदनाम करदे ऐसे जालिम दुनिया में कइ जगह मिलेंगे,

जहां भी रहु, जैसा भी रहु, तेरी इज्जत और आबरू हर तरह से बचाउंगा..!!

11. दे रखी थी इजाजत..!!

जिसकी औकाद ना थी देसी शराब पीने की उसे हमेशा अंग्रेजी शराब पिलाई थी मैंने,

जिसकी औकाद ना थी मेरे पास खड़े रहने की उसे अपने सर पे बैठा रखा था मैंने,

प्यार में कुछ इस कदर अंधा हो चुका था मैं,
प्यार में कुछ इस कदर अंधा हो चुका था मैं,

जिसकी औकाद न थी मेरे तन से खेलने की, उसे अपने मन से खेलने की इजाजत दे रखी थी मैंने..!!

12. एक ऐसा षड़यंत्र..!!

ग़ैर मर्दो से नज़दीकियाँ बढ़ा कर वो बेवफ़ा कहती रही ये तो बस मित्र है,

हमें कहा पता था के हद्द से ज्यादा नजदिकियां बढ़ांना ही उसका चरित्र है,

किसी एक से रिश्ता ना निभा कर हज़ारों के साथ बने रहना ही उसका गणतंत्र है,

"गलत इंसान से वफ़ा निभाने के चक्कर में अपनी रूह की नीलाम न होने देना" यहीं अब मेरा मूलमंत्र है..!!

13. अपने और पराये..!!

जिन्हे जूतौ के नीचे रखना था उन्हे सर पर बैठा रखा था हमने,

जिनकी औकाद ना थी कोयले की, उन्हे हीरा समझ रखा था हमने,

हम समझ रहे थे वो करते हैं हमसे मोहब्बत तो यहां शक्क की कोई गुल्जाइझ नहीं है,

जो पराया मान चुके थे हमें बहुत पहले अपने ज़हन में, उन्हें अपने जिगर का तुकड़ा मान रखा था हमने..!!

14. गीले तकीये की दास्तां..!!

तकिया गीला हो गया मेरा पर आँखें ना नम हुई,

वो चलती रही बेवफाई की राह पर मगर उसकी जुर्रत कम ना हुई,

ना जाने ये कैसी लत्त लग गई थी उसे पराये मर्दों से नजदिया बढ़ाने की,

वो हस रही है आज भी वहां लेकिन शमशान में जलते मेरे जिस्म की आग अभी तक नरम ना हुई..!!

15. आपका शामियाना आपको मुबारक..!!

हमें धोखा दे कर वो मशरूफ रहे अपने शामियाने से,

उनकी बेवफ़ाई का सबूत दिखानेपर वो शरमाये नहीं झूठ कतराने से,

तख्त पलट दिया उन्हें ये कहकर के क्या ही मिला उन्हे यूं परखने से,

मुस्कुराकर कह दिया हमने भी "पता तो चला के आपको मोहब्बत है किसी और के मैखानें से"

16. हक और वफादारी..!!

रूह की नीलामी कर दी मेरे मगर तुझे शर्मिंदा होना नहीं आता,

झूठ और फ़रेब का घिनौंना खेल रचने के बावजूद तुझे शर्म से माफ़ी माँगना तक नहीं आता,

हाथ तो थाम लिया है किसी और का तूने पर अपनी फितरत कैसे बदलेगी ऐ बेवफा,

हक़ जता सकती है तू बस, तुझे वफ़ादारी से रिश्ता निभाना नहीं आता..!!

17. महेंगी पड़ गई नादानी..!!

हमें गम था तुमसे बिछड़ने का मगर तुम तो पहले से ही किसी और के साथ मशरूफ थे,

हम रखना चाहते थे तुम्हें इस दिल के करीब मगर तुम हमसे कई कोसों दूर थे,

पूरी जिंदगी तुम्हारे नाम कर दी हमने अपनी क्यों की तुम्हारी बेवफाई से अंजान थे,

गम तो बस इस बात का है कि तुम्हारे झूठ और फरेब के खेल को समझ ना पाए हम इतने बड़े नादान थे..!!

18. दिल का गुनेहगार ..!!

ऐ दिल तू मुझे माफ़ करना मैं हूँ तेरा गुनेहगार ,

प्यार को जिंदगी समझ बैठा जब के उनके लिए तो था ये बस एक व्यापार,

वो करते रहे तुझ पर हज़ारों वार फिर भी तू रहा उनसे वफ़ादार,

इतनी तकलीफ़ दी है मैंने तुझे के अब किस मुँह से जाताऊं मैं तुझ पर अपना अधिकार..!!

19. हां, मैं ही हूं गुनेहगार..!!

ख़तम हो गया रिश्ता हमारा तुम्हें यूं क्यों मुझसे झगडना था,

क्यों लगाया दिल हमसे जब तुम्हे कीसी और को ही अपनाना था,

क्यों खेला बेवफाई का गंदा खेल जब के हमने तो तुम्हें पूरी शिद्दत से अपना माना था,

क्यों निकाले अपनी आंखों से आंसू इक माफी की फिराक में, जब हमें ही गुनेहगार बनाना था..!!!!

20. के रिश्ता तो जुड़ जाएगा मगर ये प्यार ना हो पाएगा..!!

वो कहती है अब मुझे याद मत करना,
मैं किसी और की होनेवाली हूं मेरा इंतजार मत करना,
तुम भी बना लो रिश्ता किसी और से पर मुझसे वफ़ा मत रखना,
अब उसे कौन समझाए के रिश्ता तो जुड़ जाएगा मगर ये प्यार ना हो पाएगा..!!

कहती है हमारी यादों की कश्ती को पानी में बहा देना,
साथ देखा हुआ परिवार का सपना अपने खयालों से मिटा देना,
इस सपनें को किसी और के साथ अपनी मंजिल तक पहूंचा देना,
अब उसे कौन समझाए के रिश्ता तो जुड़ जाएगा मगर ये प्यार ना हो पाएगा..!!

कहती है हमारी तस्वीरों को अपने मोबाइल से निकाल देना,
हर सोशल मीडिया से हटा कर मुझे ब्लॉक कर देना,
इन चीज़ों को किसी और के साथ तुम भी नए सिरे से आज़माना,
अब उसे कौन समझाए के रिश्ता तो जुड़ जाएगा मगर ये प्यार ना हो पाएगा..!!

कहती है मेरी याद आ जाये तो तुम खुद को संभाल लेना,
मेरी बेवफाई की वजह से तुम अपने आप को तकलीफ मत देना,
जैसे मैंने थाम लिया किसी और का हाथ वैसे ही तुम भी किसी का सहारा ले लेना,

अब उसे कौन समझाए के रिश्ता तो जुड़ जाएगा मगर ये प्यार ना हो पाएगा..!!

21. दिल के भीतर ज़हर..!!

भगवान करे किसी दिन ये कयामत उसपे भी बरसे,

प्यार के एक छोटे से लम्हें के लिए वो भी तरसे,

जब देखे वो आईने में खुदको तो नज़र ना मिला पाए अपने आपसे,

कभी सोचा ना था कि इतना जहर निकलेगा उस बला के लिए मेरे दिल से..!!

22. मैं ही हू गलत और तू ही है सही..!!

मैं कुछ किये बिना भी गलत,
तू सब कुछ कर के भी सही

वफ़ादारी कर के भी मैं ग़लत,
बेवफ़ाई कर के भी तू सही

किसी पराए शख्स से बात ना कर के भी में गलत,
पराए शख्स को अपने दिल के भीतर जाने दे के भी तू सही

मैं हमेशा प्यार अपनी हरकतों से दिखा के भी गलत,
तू महज़ लफ्ज़ो में प्यार बयां कर के भी सही

तेरी यादों में तड़प-तड़प कर रो के भी मैं गलत,
किसी और के साथ घुल जाने के बाद भी तू सही

सारे पुण्य कर के भी मैं गलत,
सारे पाप कर के भी तू सही

बराबर है, क्यू की मैं ही हू गलत और तू ही है सही..!!

www.ingramcontent.com/pod-product-compliance
Lightning Source LLC
Chambersburg PA
CBHW070654240926
51846CB00003BA/912
* 9 7 8 9 3 7 5 4 3 1 0 5 3 *